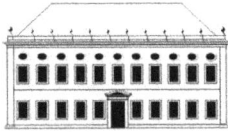

I0156830

D O C U M E N T O S

I

IMPRENSA DA UNIVERSIDADE DE COIMBRA
COIMBRA UNIVERSITY PRESS

U

EDIÇÃO

Imprensa da Universidade de Coimbra
Email: imprensa@uc.pt
URL: http//www.uc.pt/imprensa_uc
Vendas online: http://livrariadaimprensa.uc.pt

COORDENAÇÃO EDITORIAL

Imprensa da Universidade de Coimbra

CONCEÇÃO GRÁFICA

António Barros

IMAGEM DA CAPA

[Public domain], via Wikimedia Commons

INFOGRAFIA

Mickael Silva

PRINT BY

CreateSpace

ISBN

978-989-26-1213-3

ISBN DIGITAL

978-989-26-1214-0

DOI

http://dx.doi.org/10.14195/978-989-26-1214-0

DEPÓSITO LEGAL

415285/16

© SETEMBRO 2016, IMPRENSA DA UNIVERSIDADE DE COIMBRA

Maria Helena Damião
António Piedade

J A ACTUALIDADE DA PEDAGOGIA DE OÃO DE DEUS

IMPRENSA DA UNIVERSIDADE DE COIMBRA
2016

Método modelo

Vêm-me às vezes dizer
Talvez por peça de entrudo,
Que o abade de Arcozelo.
Depois de um profundo estudo.
Fez um Método modelo.
A mim não me custa a crer:
Eu acho-o capaz de tudo.

O método
Do Reverendo Abade de Arcozelo

Aquele Método organo-fonético,
Apesar do seu título bombástico,
É tão simples, tão lógico e dialéctico,
Que mais parece um método fantástico.

É obra de um famoso eclesiástico,
Modesto, casto, sóbrio, abstémio e ascético;
Receitou-lhe o Urbino certo emético,
Saiu-lhe aquilo por efeito drástico.

João de Deus

In *Campo de Flores*
(Edição de 2011 da *Associação de Escolas João de Deus*, páginas 145 e 152)

SUMÁRIO

INTRODUÇÃO

Maria Helena Damião e António Piedade

"O seu idealismo humano queria oferecer a todos, sem distinção de classes, a possibilidade de acesso à cultura. O livro era então o meio mais forte de transmissão de saberes. Havia que aprender a ler."
Maria de Luz de Deus, 1997.

"Dia a dia, hora a hora, sem desfalecimentos, sem a menor hesitação (...) João de Deus Ramos foi erguendo a pouco a pouco, esse Jardim-Escola de Coimbra, o primeiro em Portugal".
João de Barros, 2 de Abril de 1911.

Quando se completou, em Abril de 2011, um século sobre a inauguração, na cidade de Coimbra, do Jardim-Escola João de Deus, a primeira instituição de ensino que no nosso país prestou atenção especializada às crianças mais pequenas, sendo, nessa medida, precursora da educação de infância em Portugal, coube-nos a grata honra de organizar a Conferência comemorativa.

A Actualidade da Pedagogia João de Deus foi o título que, de modo quase espontâneo, entendemos dar a essa Conferência. Efectivamente, ainda que por caminhos diferentes, tínhamos por certo que a essência da obra educativa do poeta-pedagogo não se havia esgotado no lugar e no tempo em que despontou (Portugal na segunda metade do século XIX, onde as condições de instrução da população eram nada menos do que deploráveis), transcendia-os. E transcendia-os, entre outras razões, pela segurança que continuou a transmitir, uma vez tomados por referência pressupostos filosóficos e conhecimento científico tidos por válidos.

Para apurarmos o alcance desta ideia voltámos à obra, interrogando--a. Depois de um enquadramento geral (*A obra pedagógica de João de Deus: sua envolvência e dimensão inovadora*), quisemos ter o olhar de dois colegas (Maria Isabel Festas e Filipe Oliveira) sobre as metodologias de aprendizagem da leitura e das contas, elaboradas por João de Deus. Os dois textos que escreveram (*Revisitação da Cartilha Maternal à luz da Psicologia Cognitiva da Leitura* e *O ensino e aprendizagem da Matemática em João de Deus*) e um quarto texto (*Vanguarda do ensino das ciências experimentais no contexto do Método João de Deus*) confirmaram a suposição de estarmos perante uma sólida base para os passos iniciais de escolaridade, os mais importantes de todo o percurso académico e, sabemo-lo bem, determinantes para a "vida boa" que Aristóteles explica na *Ética a Nicómaco* (Livro II).

O legado educacional de João de Deus, sendo conhecido e reconhecido para a aprendizagem da leitura e da escrita, (um pouco menos) para a aprendizagem das contas e (um pouco menos ainda) para a aprendizagem da ciência, está longe de se restringir a estas três áreas. Na verdade, quando perscrutamos esse legado ficamos com a certeza de que nenhuma área curricular essencial, como hoje se dirá, foi deixada de fora: a observação do mundo físico e natural; o fruir, desde idades precoces, a literatura; a educação estética e artística, onde se destaca a música; a expressão corporal; os valores que definem a humanidade... Tudo isto, e mais do que isto, foi pensado e devidamente alinhado em torno de um ideal moderno, que é, afinal, intemporal: formar, pela educação, a inteligência, a consciência, a sensibilidade. E não deixar ninguém de fora: crianças, jovens e adultos, independentemente da sua condição de nascença.

João de Deus não esteve só na concretização deste ideal, muitos o acompanharam e apoiaram. Destacamos apenas três nomes: Abade de Arcozelo, cujo empenho se revelou determinante para a dimensão e solidez que reconhecemos à obra; Casimiro Freire, cujo apoio financeiro e de divulgação possibilitaram a sua implantação; e João de Deus Ramos, um dos filhos que, de "corpo e alma, dedicou toda a sua vida à memória e à obra do seu pai" (João de Barros, 1911) e cujo vasto, criativo e profícuo trabalho lhe deu continuidade.

É nessa continuidade que nos reencontrámos com a pedagogia de João de Deus, apresentando o resultado na forma deste modesto livro que a Imprensa da Universidade de Coimbra aceitou publicar.

Agradecemos à *Associação de Jardins-Escolas João de Deus,* especialmente na pessoa do seu presidente, Doutor António Ponces de Carvalho, bisneto de João de Deus, a possibilidade desse reencontro.

Coimbra, Setembro de 2016.
Maria Helena Damião e António Piedade

A OBRA PEDAGÓGICA DE JOÃO DE DEUS: SUA ENVOLVÊNCIA E DIMENSÃO INOVADORA

Maria Helena Damião
Faculdade de Psicologia e de Ciências da Educação
da Universidade de Coimbra

A obra pedagógica de João de Deus – que engloba, de modo mais destacado, a Leitura, a Escrita e as Contas – assenta no ideal moderno de educação: renovar o ensino para que todos, sem excepção, possam aprender. No contexto social português de finais de século XIX, em que a escolaridade se encontrava reservada a muito poucos, a clareza e eficácia dessa obra polarizaram, e continuam a polarizar, a atenção de responsáveis políticos, de professores, da imprensa, de estudiosos, e de pessoas comuns.

Usamos as palavras de Rómulo de Carvalho (1996, p. 607) para iniciarmos este apontamento sobre "uma das obras mais notáveis da pedagogia portuguesa", derivada antes "de prodigiosa intuição do que por preparação científica". O seu autor é João de Deus de Nogueira Ramos, nascido em São Bartolomeu de Messines no ano de 1830 e falecido em Lisboa no ano de 1896. Dispensando-nos de realizar uma efectiva nota biográfica, não podemos deixar de referir a sua condição de estudante em Coimbra, no Seminário e na Universidade, isto na conturbada mas profícua segunda metade do século XIX. Ao mesmo tempo que se dedicava à escrita poética, que lhe conferiu, quase de imediato, reconhecimento nacional, concluiu o curso de Direito, que fez "ao seu ritmo, muito lentamente" (Luz de Deus & Monteiro, 1996, p. 8).

Na convivência que a cidade proporcionava, tornou-se próximo de Antero de Quental e de Hilário. O primeiro reconheceu-o como "o poeta mais original do seu tempo" e o segundo "o maior dos poetas" (in Marques do Vale, 1991, p. 5). Tentou por várias vezes a advocacia, mas não seria esse o caminho que viria a percorrer. Aceitou um convite para exercer funções como redactor no mais importante jornal do Alentejo, que o fez rumar a Beja, e a seguir, num jornal do Algarve, chegando à sua terra natal. Entretanto, colaborava em vários periódicos do Sul.

Candidato às Cortes, num processo peculiar, que aqui nos abstemos de contar, foi eleito deputado mas logo à entrada não se terá coibido de declarar ao jornal *Correio da Noite*. "Que diacho querem vocês que eu faça no Parlamento? Cantar? Recitar versos? Deve ser (...) gaiola que talvez sirva para dormir lá dentro a ouvir a música dos outros pássaros. Dormirei com certeza!". A sua presença no Parlamento rareava, deitando a perder uma carreira política, mas havia contribuído para alicerçar uma profunda consciência humanística.

Na verdade, a reflexão que João de Deus fazia sobre aquilo que o rodeava foi-lhe proporcionando uma compreensão do amplo infortúnio material e de conhecimento que caracterizava o Portugal de oitocentos: "em quatro milhões e meio de habitantes, há quatro milhões e um quarto de analfabetos", era a fria contabilidade que se lhe impunha (in Ferreira Gomes, 1976, p. 4).

Afastando-se do "conformismo social e religioso" (Marques do Vale, 1991, p. 14) e não lhe bastando a denúncia, consolidava-se-lhe no espírito a ideia de que o domínio da leitura constituía o elemento essencial para superar esse infortúnio. Em 1877, tal ideia era já uma convicção: "ser homem é saber ler. E nada mais importante, nada mais essencial que essa modesta e humilde coisa chamada primeiras letras" (...) "o que eu não posso é ser verdadeiro homem sem saber ler", escreveu ele em carta dirigida a Cândido José Aires de Madureira, Abade de Arcozelo, seu amigo de longa data que haveria de desempenhar um papel fundamental na ampla e árdua tarefa pedagógica que despontava.

Tarefa que se adivinhava de mérito pois assentava na cultura ecléctica de João de Deus, diversas vezes assinalada por Jaime Cortesão, cultura derivada da formação clássica que recebeu, da multiplicidade de leituras que fez, mas com certeza também, do duplo trabalho de tradução e de adaptação que exerceu ao longo da vida, das tertúlias em que participou, bem como das inúmeras colaborações literárias que prestou.

1. A Arte de Leitura, de Escrita e de Contas

Recuemos ao tempo em que se configurava na mente de João de Deus um problema simples de formular mas difícil de resolver: como ensinar toda a gente a ler e de forma ágil e rápida?

À semelhança de muitos outros, como António Feliciano de Castilho, embrenhados no mesmo problema e convencidos da necessidade de cortar com a tradição didáctica, João de Deus cedo percebeu o reduzido valor do método alfabético, usado de forma generalizada nas escolas nacionais, o qual se traduzia no ensino das letras na ordem em que surgiam no alfabeto, a que se seguia o seu agrupamento em sílabas sem sentido, só depois vindo a formação de palavras. Impunha-se, pois, descobrir outro caminho.

Tendo conhecimento desta determinação particular, a editora Roland propôs-lhe, em 1870, a publicação do método de leitura que criasse. Esta casa *lisboeta* viria, entretanto, a falir mas a elaboração do método já estava demasiado adiantada para que pudesse ser abandonada, além de que começava a dar um retorno alentador: o acima referido Cândido de Madureira ensaiava-o, primeiro dando instruções para a sua aplicação e estando atento ao que daí resultava, depois aplicando-o em cursos de alfabetização. Face à limpidez que nele encontrava e aos efeitos positivos a que conduzia, no ano seguinte decidiu usá-lo numa escola fundada em Arcozelo, subsidiada pelo benemérito Teixeira de Castro.

Era, pois, altura de apresentar em forma de livro escolar um trabalho que se havia prolongado por cinco anos, mas cuja preparação contava, por certo, mais tempo na mente do seu autor. A primeira versão surgiu em 1875, pela mão de quem a conhecia em pormenor: Cândido de Madureira, cujo nome consta, muito justamente, no frontispício dessa versão terminada em 1876 e divulgada no ano que se seguiu. O título escolhido foi *Cartilha Maternal ou Arte de Leitura*, porque, escreveu João de Deus numa breve e luminosa nota de abertura dessa edição, que é também uma dedicatória às mães:

"... que do coração professam a religião da adoravel inno-cencia e até por instincto sabem que em cerebros tão tenros e mimosos todo o cansaço e violencia póde deixar vestigios inde-léveis, offerecemos neste systema profundamente prático o meio de evitar a seus filhos o flagello da cartilha tradicional".

Esta nota seria reforçada no *Jornal das Senhoras*, no número de Fevereiro de 1877, onde João de Deus registou o seguinte: "em princípio, as mães que nos ensinam a falar é que nos deveriam ensinar a ler" (in Ferreira Gomes, 1976, p. 8-9). A sua proposta foi, como se percebe, que se aprenda a ler como se aprende a falar, ainda que a situação não seja idêntica dado que "quando a mãe ensina o filho a falar, o faz de uma forma natural e não em uma situação de ensino propriamente dita, em que se têm os papéis bem definidos: quem ensina e quem aprende. Mas o poeta propõe que a situação de ensino da leitura e da escrita se aproxime o máximo possível da forma pela qual a mãe utiliza no ensino da fala" (Oliveira, 1998, p. 52).

O documento didáctico inicial ficaria completo com o *Hino de Amor* do próprio João de Deus, poesia "exemplarmente composta para crianças", que inauguraria a literatura para a infância em Portugal, como recordou, em 1976, António Manuel Couto Viana e que, um século antes, havia sido afirmado por Carolina Michaëlis de Vasconcelos.

Esta versão da Cartilha Maternal não seria, porém, a definitiva. Logo em 1875, João de Deus traduziu do francês a obra *Os Deveres dos Filhos*, de Th.-H Harrau, tendo-a adaptado ao exercício da leitura e dando-lhe o nome *Deveres dos filhos para com os seus pais: Arte de leitura - Segunda parte*. Em versões posteriores, haveria de introduzir outros textos, o que denota o seu cuidado em aprimorar a maneira de levar as crianças a aprender a ler e a formar o carácter.

Além da Cartilha, que continha vinte e cinco lições para os alunos, João de Deus elaborou o *Guia Prático* para os professores, que em algumas edições surgem intercaladas e noutras separadas (Ruivo, 2006). Concebeu também grandes quadros parietais de todas as lições de modo que os alunos, em grupo, pudessem seguir os ensinamentos do professor.

Apesar de o poeta-educador se ter ocupado sobretudo com a aprendizagem da leitura deu também, quase em simultâneo, atenção à aprendizagem da escrita, tendo daí resultado a obra *Bases para uma Orthografia*, que ficou completa em 1877. Seguiu-se a composição do caderno *Arte de Escrita*, que terminou em 1980. Dois anos passados e faria incidir o seu trabalho na acentuação, na diversidade de pronunciação e na evolução da língua.

A aprendizagem da matemática insinuava-se a João de Deus em complemento das anteriores, de modo que em 1880 encontramo-lo a construir a *Arte de Contas*. Não tendo conseguido terminar este trabalho, foi o seu discípulo Frederico Caldeira quem o organizou e concluiu. A publicação só aconteceu, no entanto, em 1914, uma vintena de anos após a sua morte.

2. A concretização do ideal moderno de educação

Voltamos à Cartilha Maternal para realçar o seu imediato e alargado sucesso: as edições vindas a lume esgotavam-se num instante. Cumpria-se, assim, a intenção de João de Deus: que ela beneficiasse a aprendizagem formal do maior número de crianças, de jovens e de adultos, ainda que não pudessem ir à escola.

Reconhecia, porém, que a escola a todos beneficiava, até pela circunstância de poucas mães, familiares ou conterrâneos saberem ler e, nessa medida, estarem em condições de usar o livro didáctico. Neste particular teve a inteira compreensão de Casimiro Freire que, em 1881, publicou no jornal *O Século* dois artigos onde, além de manifestar indignação face às elevadíssimas taxas de analfabetismo do país, assinalava as dificuldades nacionais para as superar e apontava a solução: levar a instrução primária onde fosse possível, mesmo aos locais mais recônditos, sempre conduzida pelo método João de Deus.

Este industrial de tendência republicana, tal como João de Deus, reuniu um conjunto de cidadãos que constituíram a famosa Associação de Escolas Móveis, cujo propósito era oferecer ensino gratuito, podendo, ainda, proporcionar ajuda material aos mais carenciados. Os cursos diurnos e nocturnos que organizava para rapazes e raparigas, para homens e mulheres, tinham a duração de quatro a seis meses. Aos que passassem no exame final era atribuído o *Diploma das Primeiras Letras pelo Método João de Deus*.

A Associação assegurou durante cerca de quarenta anos a alfabetização de milhares de alunos e o acesso ao livro, através de um serviço de bibliotecas. E isto em Portugal Continental, na Madeira e nos Açores, nas Antigas Colónias Africanas e no Brasil. Neste país, muito cedo, em 1876, o método começou a ser divulgado, tornando-se a Cartilha Maternal, em pouco tempo, "um *best-seller*" e "até bem entrado no século XX serviu para o aprendizado da leitura nas Escolas" (Novaes Coelho, 1985, p. 157). A Cartilha teve ainda reconhecimento na Europa, especialmente em Espanha e em França, sendo traduzida neste último país, e acabando por chegar à distante Alemanha (Delille, 1976).

De salientar no percurso alargado do método-livro a que nos reportamos as adaptações que dele se fizeram, sobretudo a línguas indígenas (Ferreira Gomes, 1976), de modo que a sua finalidade essencial, que era ensinar a ler, pudesse ser alcançada pela diversidade de aprendizes.

Concentrando-nos de novo nas Escolas Móveis, notamos que elas estabeleceram os alicerces – teóricos, sociais, pedagógicos – para a edificação das Escolas Fixas, alargando e perpetuando um projecto com identidade.

A primeira dessas escolas, centenária em 2011, foi construída em Coimbra com vários apoios graciosos, entre os quais se contam os de Eugénio de Castro, Mendes dos Remédios e Sobral Cid, que trataram de encontrar o terreno; de Raul Lino que realizou o projecto de arquitectura; do Orfeão Académico, dirigido por António Joyce, que reuniu fundos com a realização de concertos (Ponces de Carvalho, 1991). E, claro, ainda e sempre, de João de Deus Ramos.

Inaugurada num local privilegiado, ao lado do belíssimo Jardim Botânico da Universidade, podemos imaginar o entusiasmo que, nesse dia, teria sido partilhado entre aqueles que eram movidos pela firme convicção de que só a educação de matriz iluminista permitiria aceder à tão almejada liberdade, democracia, justiça e igualdade. Voltamos a esse momento através das palavras de João de Barros (1911, p. 79).

"No dia 2 de Abril inaugurou-se em Coimbra o primeiro Jardim-Escola João de Deus. Foi uma festa lindíssima, carinhosa e comovedora, apesar da chuva incerta da Primavera, que tudo alagava, mas que não conseguia emudecer a voz fremente, a voz alegre, da seiva nova, como não afastou daquela cerimónia, onde o elemento oficial estava largamente representado, a curiosidade simpática da multidão. Houve discursos, recitaram-se versos, e as mais altas personalidades de Coimbra e os melhores representantes das últimas gerações, vieram ali prestar, a João de Deus Ramos e à sua obra, a homenagem da sua admiração e do seu respeito (...). O que sobretudo me impressionou nesse dia, foi o acolhimento de entusiasmo que o Jardim-Escola teve por parte do povo (...) que sabe, ou sente, que a ideia fundamental que presidia à fundação daquela casa fora simplesmente esta: dar às classes populares, as únicas ainda sadias e fortes no país, educando-lhes os filhos, mais uma possibilidade de ressurgimento e de progresso. Assim, João de Deus Ramos deve ter tido, ao verificar este facto, uma das mais profundas satisfações da sua existência de luta e de trabalho, porque viu a sua obra senão totalmente compreendida – e era impossível que o fosse –, pelo menos, sentida, amada, venerada. Eu creio que foi isso o que melhor caracterizou o aspecto moral que revestiu a inauguração do Jardim-Escola".

É este cenário que António Piedade (2011) recriou em texto recente:

"... 80 crianças entre os três e os oito anos, tinham convivido entre o Jardim, o Salão, as Salas de Aula e a Cantina, agrupados consoante a idade, por três secções. A primeira aninhava os mais pequenos com três a cinco anos de idade, 30 na totalidade. Na segunda secção, 26 crianças, de entre cinco a seis anos. Na terceira secção 23 até oito anos. Naquele primeiro ano, as professoras Guilhermina Pereira d' Eça de Figueiredo, Maria do Céo Rio e Maria Serrão da Veiga tinham guiado a aprendizagem simultaneamente racional, livre e adequada às idades em cada uma das secções" (p. 54).

Neste Jardim-Escola, em que o filho, João de Deus Ramos, tanto se empenhou, era claro que para a Leitura, a Escrita e as Contas se usariam as metodologias e os recursos didácticos criados pelo pai, João de Deus, mas também uma multiplicidade de outras metodologias e recursos retomados de pedagogos contemporâneos. Isto no interior do Jardim, nas salas e nos seus espaços devidamente organizados para actividades educativas específicas, e no exterior, onde se ensinava a observação da natureza e de outras coisas do mundo que pudessem contribuir para despontar a curiosidade das crianças e o consequente envolvimento na aprendizagem.

Recuamos um pouco para salientar que João de Deus, além de se ter ocupado da multiplicidade de tarefas pedagógicas a que até aqui aludimos, foi absorvido pelo exercício da docência e pela formação de professores e, além disso, por aquilo que hoje designamos por supervisão do ensino (Ponces de Carvalho, 1991). Efectivamente, deu lições a crianças e a adultos, tanto em sua casa como na escola de Santa Clara (sala do Palácio do Conde de Resende) e na cadeia do Limoeiro (Ferreira Gomes, 1976), estabelecendo uma tradição de magistério que se mantém. Também fez acompanhamento formal do ensino, tendo, em 1888, sido nomeado vitaliciamente *Comissário Geral do Método de Leitura «Cartilha Maternal de João de Deus»*, o que implicava a visita regular a escolas "a fim de ver se o método estava a ser bem aplicado".

Não descuidou à formação daqueles que seriam professores das três artes básicas – Ler, Escrever e Contar – em escolas primárias públicas e privadas, tanto no país como fora dele. De modo mais preciso, na mencionada qualidade de Comissário Geral foi-lhe atribuída formalmente a tarefa de ministrar cursos de preparação para a docência guiada pelo método da Cartilha (Carvalho, 1996). Assim se formou a primeira escola normal para professores que começou a funcionar a partir de 1862 (Ponces de Carvalho, 1991). Manuel Laranjeira, médico e pensador, percebeu bem a importância deste investimento, pois o método, sendo de fácil aprendizagem para o aluno, exigia uma profunda compreensão por parte do professor (Luz de Deus, 1997, p. 8).

No seu conjunto, o trabalho multifacetado em prol da educação levado a cabo por João de Deus decorreu, em grande medida, como acima destacámos, da sua preocupação com o elevadíssimo número de iletrados existentes em Portugal. Número clamoroso, tanto mais que, por toda a Europa, a partir de meados do século XIX, ganhava terreno um olhar revolucionário sobre a infância e a sua protecção, bem como sobre a educação que lhe era devida, olhar que, não obstante provir de tempos anteriores, teve na passagem para o século seguinte a pujança suficiente para se formalizar com a designação de Movimento da Escola Nova ou da Escola Moderna.

Este Movimento, que estabelecia o direito das crianças a serem crianças e de, em vez de trabalharem, serem preparadas para a sua vida futura, faria abrir inúmeras escolas em diversos países do Velho Continente e nos Estados Unidos, não esquecendo a que foi criada na Rússia, por Tolstoi. Tais escolas, mesmo seguindo vias pedagógicas algo distintas, empenharam-se em cumprir um conjunto de princípios-guias sistematizado por Adolphe Ferrière e apresentado no prefácio do livro de Faria de Vasconcelos *Une École Nouvelle en Belgique*, publicado em 1915, conjunto que, com algumas alterações, seria aprovado e generalizado passados sete anos.

Vários desses princípios traduzem os que João de Deus vislumbrou, por exemplo, a importância de se atender à individualidade da criança; de se respeitar o seu ritmo de aprendizagem, que pode ser diferente do ritmo do grupo em que está integrada; a necessidade de se lhe atribuir um papel cognitivamente activo; de a envolver entusiasticamente no conhecimento do mundo; de ser tratada com a delicadeza que a sua condição frágil e vulnerável requer. Para tanto, o professor tem de saber o que ensina, mas tem também de saber ensinar. O conteúdo disciplinar, a técnica pedagógica, e o cuidado dispensado aos aprendizes precisam, pois, de ser postos em sincronia.

3. A crítica ao trabalho do poeta-educador

Dissemos acima que movidos pela mesma inquietação social de João de Deus outros, como António Feliciano de Castilho, elaboraram cartilhas para a aprendizagem da leitura, de modo que em finais do século XIX eram várias as que se podiam usar no ensino. Joaquim Ferreira Gomes (ver 1976, p. 5 e 6, notas de rodapé 1, 2 e 3) consultou, além da do autor que seguimos, trinta e oito, mas mais existiam. No entanto, de entre todas, era a Cartilha Maternal que, pelas suas características inovadoras, marcava uma verdadeira ruptura em relação aos princípios tradicionais do ensino, pelo que não podia deixar de passar despercebida (ver Michaëlis de Vasconcelos, 1976; Ruivo, 2006; Viana, 2008). Em geral, os professores que a experimentavam rendiam-se à sua eficácia: pequenos e crescidos aprendiam de modo rápido e consolidado.

A imprensa, sensibilizada para a premente questão da instrução nacional, deu conta das críticas que lhe eram endereçadas: "umas calmas, serenas e objectivas; outras talvez exageradamente laudatórias; e outras ainda apaixonadas e virulentas em demasia" (Ferreira Gomes, 1976, p. 17).

Comecemos pelas primeiras, assumidas muitas delas por distintos filólogos. Por exemplo, Carolina Michaëlis de Vasconcelos (1976), pouco tempo após a publicação da Cartilha, submeteu-a a uma análise especializada, tendo apontado, com grande pormenor, aspectos que a fundamentavam e lhe imprimiam substância. Remetendo essa análise para o texto que se segue, da autoria de Maria Isabel Festas, não podemos deixar de assinalar o reconhecimento que, em 1877, a primeira professora na Universidade de Coimbra fez do método-livro de João de Deus, destacando especialmente o seu requinte didáctico:

"(...) com a Cartilha do Senhor João de Deus entramos num mundo novo; tudo mudou de aspecto, tudo se tornou simples, lúdico, transparente. O novo pedagogo vai guiando o discípulo passo a passo; não o mete num labirinto; apresenta-lhe um plano disposto na melhor ordem e assenta no seu lugar, uma a uma, as pedras do edifício, que são os elementos da língua. Dá a conhecer as letras uma por uma, assim como a sua aplicação e só no fim constitui a cadeia do alfabeto, ligando estes seus elos; não desmembra as palavras em sílabas, as sílabas em letras, apresenta à criança a flor intacta" (p. 74-75).

No mesmo sentido foi a apreciação do filólogo Francisco Adolfo Coelho. Inspirado no próprio uso da Cartilha, considerou-a como "o maior serviço que em Portugal se fez à infância até hoje, e tanto maior quanto aproveita até, e muito, aos adultos. Todo o método é muito claro, luminoso, princípio e aplicação" (in Ferreira Gomes, 1976, p. 20).

As reacções em desfavor surgiam em paralelo. Uma das mais aguerridas assentou no argumento de o seu autor ter descuidado a ciência psicológica que, à altura, se impunha. António do Amaral Cirne, fundador de uma escola, professor e autor da cartilha intitulada *Método de Leitura*, publicada em 1877 e aprovada pela *Junta Consultiva de Instrução Pública*, baseando-se sobretudo na opinião de médicos, acusou João de Deus, na revista *Positivismo*, de negligenciar o que se sabia sobre a aprendizagem da leitura e de, nessa medida, ter produzido um "método erróneo e absurdo" (Cirne, 1879, citado por Carvalho, 1996, p. 608). Na mesma linha, se pronunciou o pedagogo José Augusto Coelho, assinalando o retrocesso que o documento educativo de João de Deus constituía, nomeadamente em relação à de António Feliciano de Castilho.

Assim, três escassos anos após a composição da Cartilha Maternal e quando já estava a ser usada como método em cerca de seiscentas escolas, chegou à Câmara dos Deputados a solicitação para que fosse comparado o método em que se baseava com o "método usual". Em sequência, saiu no *Diário do Governo* de 10 de Dezembro de 1879, uma portaria onde se pode ler o seguinte (ver Ferreira Gomes, 1976, p. 37-39):

"Convindo verificar, por meio de uma rigorosa e imparcial confrontação, se o método de aprender a ler de João de Deus tem reconhecida vantagem e superioridade sobre os métodos anteriormente seguidos nas escolas primárias:

Atendendo a que o aludido método tem sido posto em prática por diferentes professores em diversas escolas e favoravelmente apreciado pelo público, subsidiado pelas municipalidades e recomendado por algumas juntas gerais de distrito em vista dos resultados da sua aplicação;

Atendendo a que muito importa promover e auxiliar todos os descobrimentos úteis, principalmente os que têm por fim o primeiro de todos os interesses sociais, que é o da instrução e educação da mocidade;

Atendendo a que, para ser sincera e demonstrativa, a confrontação entre os indicados métodos deve efectuar-se de modo que experimentalmente, e sob a inspecção do Estado, se possa reconhecer qual desses métodos a aludido métodos merecem preferência. Há por bem Sua Majestade El-Rei determinar o seguinte:

1. Serão escolhidas na capital sessenta crianças que tenham a idade de seis a catorze anos completos, e que sejam analfabetas. Essas crianças serão divididas em três classes: a primeira de seis a nove anos, a segunda de dez anos até

doze, e a terceira de treze até catorze anos; e depois distribuídas por dois grupos de trinta cada um, tiradas à sorte e de modo que em cada grupo haja igual número de crianças de cada classe. A cada criança será abonada a retribuição de 40 réis por dia de frequência. Em cada dia de falta ser-lhe-á descontada a retribuição correspondente a dois dias;

2. Um dos grupos de trinta crianças será ensinado pelo método João de Deus, e o outro pelo método usual num edifício apropriado e próximo do centro da cidade;

3. Os cursos dos dois grupos começarão no mesmo dia, e a aulas serão no mesmo local, à mesma hora e com a mesma duração. As casas das aulas deverão ter quanto possível iguais condições de capacidade, de luz e de comodidade;

4. Os cursos serão regidos por professores designados pelo governo dentre os melhores mestres tanto públicos ou particulares que em Lisboa ensinarem pelos dois métodos Para este fim o comissário dos estudos de Lisboa e o autor do novo método enviarão ao governo uma lista tríplice dos professores que julgarem mais aptos para a regência dos referidos cursos. Os cursos serão diurnos e duração por tempo de três a seis meses.

5. Uma comissão especial, nomeada pelo governo, será encarregada de seguir paralelamente os dois cursos e de os inspeccionar com o maior rigor, mantendo perfeita igualdade nas condições das duas escolas;

6. Os professores nomeados para dirigir as duas escolas, sendo públicos, receberão uma gratificação além do respectivo ordenado, e sendo particulares, e sendo particulares uma remuneração igual e condigna;

7. Expiados os primeiros três meses dos cursos, proceder-se-á a um exame nas duas escolas consecutivamente. A este exame presidirá uma comissão especial inspectora, a qual

poderá dirigir aos alunos todas as interrogações que julgar convenientes e ordenar todos os exercícios que lhe parecer;

8. Se em resultado do exame do primeiro trimestre não se puder ajuizar da preeminência de qualquer dos métodos renovar-se-ão os cursos experimentados por mais três meses. Findo o segundo trimestre, proceder-se-á a segundo exame, guardando-se nele as disposições do número antecedente;

9. Depois de realizado o segundo exame, a comissão especial redigirá um relatório minucioso com o seu juízo comparativo sobre os dois métodos: Este relatório será enviado ao governo."

Joaquim Ferreira Gomes, que estudou com especial cuidado o assunto, notou estar contido neste normativo o primeiro projecto português de investigação experimental. Infelizmente o passo seguinte, que era o da concretização, falhou e, com ele, todos os subsequentes, mas não por qualquer falta de João de Deus, que prontamente indicou, como lhe tinha sido solicitado, o nome de três professores que seriam necessários. São dele as próximas palavras (ver Ferreira Gomes, 1976, p. 39, nota de rodapé 2):

"Tendo-se passado meio ano sem ainda se proceder ao confronto do meu método de leitura com o chamado *método usual* (...) e tendo-se nessa expectativa deixado de tomar, em câmaras e juntas de distrito (...) deliberações favoráveis à propagação do meu método, com prejuízo meu, da desgraçada infância e de todo este país, onde os analfabetos constituem os noventa e cinco por cento dos habitantes – graças ao método oficial (se assim se pode chamar ao das Escolas Normais) e outros semelhantes; não sendo justo que eu conserve por mais tempo obrigadas às suas promessas as pessoas se me prestaram a reger o curso pelo método da Cartilha Maternal, pondo-as assim em embaraços no governo da sua vida, como já sucedeu com a professora que rejeitou um excelente partido para fora do reino; tenho a honra de participar que retiro os três nomes que dei em meu ofício de vinte e três de Dezembro e me declaro estranho a todo o estudo particular ou confronto a que por acaso se haja de proceder oficialmente."

Não bastou, pois, a síntese de Carolina Michaëlis de Vasconcelos (1976) para que se pudesse esclarecer a validade do manual em causa: "João de Deus apresentou uma solução nova, poética, humana e, até certo ponto, científica". Nem bastaram as palavras de Amaral Cirne, que apesar de, segundo Rómulo de Carvalho (1996), o ter atacado sem piedade, acabou por reconhecer que "a Cartilha veio demonstrar exuberantemente o que já sabíamos – que o poeta possui um talento privilegiado e uma propensão natural para o ensino como raro se encontrará".

Em suma

Não tendo sido feito em oportuno momento o supramencionado confronto experimental – entre o método de aprendizagem da leitura que deu forma à Cartilha Maternal e outros métodos de aprendizagem da leitura em uso nas escolas –, estamos sempre em tempo de interrogar as opções pedagógico-didácticas de João de Deus. Ora, acontece que, quando as estudamos "em toda a sua amplitude" percebemos que nelas "nada foi posto ao acaso, mas, pelo contrário, tudo foi organizado por mão de mestre", aliando sempre "o seu génio de poeta ao de educador" (Marques do Vale, 1991, p. 6 e 11).

Nessas opções haverá dimensões mais caras aos filósofos: que sentido tem realmente o "dever de educar" em João de Deus e aonde é que o cumprimento desse dever conduz cada ser humano e a humanidade? Haverá dimensões mais caras aos estetas: que relevância pode ter a beleza dos textos escolhidos? Que sentido pode ter a fruição da poesia? Haverá dimensões mais caras aos cientistas: como será de estruturar a aprendizagem? Como se poderá articular o ensino e o gosto pela leitura? Como se revelará mais profícuo trabalhar os textos e os seus recursos estilísticos?

Detendo-nos nesta última dimensão, convocando uma interrogação concreta de Henri Campagnolo (1979): o método João de Deus, "concebido numa época afastada, poderá haver quem o considere como arcaico e ultrapassado", mas sê-lo-á ou não? Ainda que a proposta pedagógica de João de Deus não se esgote no seu método (Boto, 2012), pedimos aos colegas Maria Isabel Festas e Filipe Oliveira que nos esclareçam no respeitante à aprendizagem da leitura e da matemática.

Referências bibliográficas

Alaiz, V. (2003). Deus Nogueira Ramos, João de. In A. Nóvoa (Direcção). *Dicionário de Educadores Portugueses* (pp. 465-469). Lisboa: Asa.

Araújo, M. R. (1995). *João de Deus e o recado*. Lisboa: Escola Superior de Educação João de Deus.

Barros, J. de (1911). À propôs de l´inauguration du «Jardin-École João de Deus» de Coimbra. In A.D.R. Ponces de Carvalho (1991). *Éléments pour l´histoire d´une école de formation des instituteurs de maternelle* (pp.79-81). Lisboa: Jardins--Escolas João de Deus.

Barros, J. de (1915). A Associação das Escolas Móveis e a República. *Boletim de Propaganda da Associação de Escolas Móveis pelo Método João de Deus*. Janeiro, Fevereiro e Março.

Boto, C. (2012). *Escola primária como rito de passagem: ler, escrever, contar e se comportar*. Coimbra: Imprensa da Universidade de Coimbra.

Campagnolo, H. (1979). *João de Deus, pedagogo moderno*. Lisboa: Museu João de Deus.

Carvalho, R. (1996, 2.ª edição). *História do ensino em Portugal: desde a fundação até ao regime de Salazar-Caetano*. Lisboa: Fundação Calouste Gulbenkian.

Cirne Júnior, F. A. (1877). *Método de leitura*. Porto: Livraria Moré.

Cirne Júnior, F. A. (1879). Exame da Cartilha Maternal. *Relatório apresentado ao commisario d'estudos do districto do Porto*. Porto: Typografia de Manoel José Pereira.

Delille, M.M.G. (1976). João de Deus na Alemanha. *Revista Portuguesa de Pedagogia*, ano X, pp. 95-120.

Deus, J. de & Caldeira, F. (1914). *A Arte de Contas*. Lisboa: Livrarias Aillaud e Bertrand.

Deus, J. de (1876). *A Cartilha Maternal ou a Arte de Leitura*. Porto: Livraria Universal de Magalhães e Moniz.

Deus, J. de (1877). *A Cartilha Maternal e a Imprensa*. Lisboa. Bertrand Editora.

Deus, J. de (1881). *A Cartilha Maternal e o Apostulado*. Lisboa. Bertrand Editora.

Deus, J. de (2004, reprodução da edição de 1876). *Cartilha Maternal ou a Arte de Leitura*. Lisboa. Associação de Jardins-Escolas João de Deus.

Faria de Vasconcelos, A. (1915) *Une école nouvelle en Bélgique*. Neuchatel e Paris: Delachaux et Niestlé.

Ferreira Gomes, J. (1976). Algumas reacções em torno da "Cartilha Maternal" de João de Deus. *Revista Portuguesa de Pedagogia*, ano X, pp. 3-57.

Ferreira Gomes, J. (1976). Um projecto de "Escola Infantil" elaborado por um pedagogo português nos finais do século XX. *Biblos*, volume LIV, pp. 145-162.

Ferreira Gomes, J. (1979). Uma proposta para a criação de "Escolas Novas" apresentada ao Parlamento da 1.ª República. *Biblos*, volume LV, pp. 514-528.

Luz de Deus, M. da & Monteiro, J. de A. (1996). *Uma vida de poeta: João de Deus. Retrato dum álbum de família*. Lisboa: Associação de Escolas João de Deus.

Luz de Deus, M. da (1997, 8.ª edição). *Guia prático da Cartilha Maternal*. Lisboa. Associação de Jardins-Escolas João de Deus.

Marques do Vale, F. G. (1991). *A literatura infantil em Portugal: João de Deus - um pioneiro?* Lisboa: Museu João de Deus.

Micaellis de Vasconcelos, C. (1976; original, 1877). A cartilha portuguesa e em especial a do Snr. João de Deus. *Revista Portuguesa de Pedagogia*, ano X, pp. 59-93.

Novaes Coelho, N. (1985). *Panorama histórico da literatura infantil/juvenil*. São Paulo: Edições Quíron.

Oliveira, C. R. (1998). João de Deus, a Cartilha Maternal e o ensino da leitura em Portugal. *História da Educação* (Pelotas), n.º 4, pp. 49-56.

Piedade, J. A. (2011). Primeiro Jardim-Escola João de Deus de Coimbra: Coisas de Ciência em 1912. *Rua Larga*, n.º 31, pp. 54-55.

Ponces de Carvalho, A.D.R (1991). *Éléments pour l'histoire d'une école de formation des instituteurs de maternelle* (pp.79-81). Lisboa: Jardins-Escolas João de Deus.

Ruivo, I. (2006). João de Deus: Método de leitura com sentido. *Actas do VI Encontro Nacional (IV Internacional) de Investigação em Leitura, Literatura Infantil e Ilustração*. Braga: Universidade do Minho.

Viana, F. L. (2008). El método João de Deus para enseñar a leer: propuestas innovadoras con más de un siglo de existência. *Lectura y Vida: Revista Latinoamericana de Lectura*, Setembro, pp. 6-15.

REVISITAÇÃO DA CARTINHA MATERNAL À LUZ DA PSICOLOGIA COGNITIVA DA LEITURA

Maria Isabel Ferraz Festas
Faculdade de Psicologia e de Ciências da Educação da Universidade de Coimbra

Uma análise dos grandes princípios da Cartilha Maternal permite-nos realçar a sua actualidade relativamente às grandes questões debatidas, no presente, pela psicologia cognitiva da leitura. Muitos anos antes da imensa investigação que se tem feito nesta área, João de Deus construiu um método que, no essencial, respeita o que se sabe hoje serem os requisitos necessários à aprendizagem da leitura. Com efeito, trata-se de um método que capta a essência da leitura, que consiste no facto de a mesma ser uma actividade psicolinguística e, quase na perfeição, vai ditando os passos a seguir na sua aquisição, mudando a ordem tradicional de apresentação dos estímulos a aprender. Nada é deixado ao acaso, oferecendo a Cartilha uma sequência de actividades que, respeitando as características da língua portuguesa, partem do mais simples para o complexo, e em que, muito engenhosamente, e recorrendo a manipulações gráficas, permitem que a criança vá aprendendo as correspondências grafema-fonema e, progressivamente, vá entrando no mundo fantástico da leitura.

A Cartilha Maternal é publicada no ano de 1877, apesar de nesta mesma edição constar a data de 1876. Com as suas propostas para o ensino e aprendizagem da leitura, constituiu um marco decisivo na história da educação em Portugal. Grande parte das estratégias e medidas aí preconizadas rompem com a tradição expressa nas cartilhas da época, razão pela qual suscita tanta polémica (cf. Ferreira Gomes, 1976; ver, também, Carolina Michaëlis de Vasconcelos, 1976).

Tendo sido aplicada ainda antes da sua publicação, a Cartilha é adoptada nos Jardins-Escolas João de Deus, estendendo-se, igualmente, a algumas escolas públicas de Portugal. Do mesmo modo, a Cartilha foi conhecida no Brasil e os seus ecos chegaram a países como França, Espanha e Alemanha (Delille, 1976).

Passados todos estes anos, podemos interrogar-nos se um método construído há tanto tempo, muito antes de se terem desenvolvido os estudos de que dispomos hoje na área da leitura, tem fundamento e se há alguma justificação para que continue a ser aplicado.

É no contexto desta interrogação que procuraremos mostrar a adequação do método João de Deus aos conhecimentos oriundos da psicologia cognitiva da leitura.

Psicologia Cognitiva da Leitura

Existe, actualmente, um largo corpo de conhecimentos relativo ao que é a leitura. Muitos estudos no domínio da psicologia cognitiva têm contribuído para se perceber em que consiste esta actividade tão complexa. No essencial, a leitura mobiliza uma série de recursos cognitivos que permitem a transformação de uma representação escrita numa representação fonológica. Trata-se, em ambos os casos, de representações de natureza linguística, facto que confere à leitura a sua especificidade, ou seja, que faz com que estejamos perante uma actividade psicolinguística (Morais, 1997).

Estabelecido este pressuposto, que nos afasta de uma abordagem perceptiva da leitura, são de destacar os aspectos particulares do processamento linguístico necessários à sua aprendizagem. Aprender a ler num sistema de escrita alfabético, como é o nosso, envolve o estabelecimento de correspondências entre grafemas e fonemas. Isto implica que a criança descubra o princípio alfabético, ou seja, que ela entenda que aquilo que é representado pelos grafemas são os fonemas da língua.

É com base neste entendimento que a criança aprende a ler: conhecendo a associação dos grafemas e dos fonemas que representam e sabendo juntar esses grafemas/fonemas de modo a formar as palavras. É este facto que torna tão decisiva a consciência fonológica. O problema é que o conhecimento dos fonemas não é acessível à criança se não for objecto de instrução. O aluno que, à entrada na escola, domina a linguagem oral não precisa de saber que as palavras que usa são compostas por unidades mínimas, o que, evidentemente, dificulta o estabelecimento das correspondências entre os grafemas e os fonemas. Daqui se depreende a importância dos métodos que incidam na aprendizagem do princípio alfabético.

Os estudos actuais da psicologia cognitiva têm, ainda, chamado a atenção para a relevância dos códigos ortográficos na aquisição da leitura. O modo como a ortografia de uma dada língua representa as suas unidades varia quanto ao grau de transparência. Nos códigos mais transparentes predominam relações biunívocas entre fonemas e grafemas, enquanto que nos mais opacos prevalecem relações de um para muitos entre as unidades dos dois sistemas. A ortografia do português europeu situa-se num grau intermédio, entre as mais transparentes, como a italiana e a espanhola, e as mais opacas, como a inglesa.

Dada a centralidade que o estabelecimento de correspondências entre os grafemas e os fonemas assume na aprendizagem da leitura, facilmente se percebe a influência que o grau de transparência do código ortográfico tem nos desempenhos do leitor principiante. Com efeito, verifica-se uma maior facilidade na aprendizagem da leitura, por parte dos alunos de países cuja língua é representada por ortografias mais transparentes, relativamente aos de países com códigos ortográficos mais opacos (Sprenger-Charolles et al., 2006).

Cartilha Maternal

A Cartilha Maternal João de Deus surge em finais do século XIX, suscitando grande debate alimentado por críticos do método aí defendido, mas também por quem soube discernir o seu carácter inovador, como foi o caso de Carolina Michaëlis de Vasconcelos (cf. Ferreira Gomes, 1976 e artigo de Carolina Michaëlis datado de 1976, que compreende o conjunto de três estudos que escreveu para a revista *Ensino*, após a publicação da Cartilha). Seguindo de perto esta autora, vejamos alguns dos pontos veiculados no método João de Deus que permitiram romper com a tradição do ensino da leitura em Portugal.

Contrariamente ao habitual, em que o ensino e a aprendizagem se faziam seguindo a ordem do alfabeto, a Cartilha propõe uma nova sequência na apresentação das letras que deve ir do mais simples para o mais complexo. Depois das vogais, vêm as consoantes: primeiro as simples – as que se representam por uma só letra –, depois as compostas – aquelas que têm duas letras para representar um som. Dentro de cada uma destas categorias, primeiro aprendem-se as certas, isto é, as que têm um só valor e só a seguir as incertas, ou seja, as que podem ter mais do que um som.

Nada é deixado ao acaso e, prova disso, é que, estabelecida esta sequência, João de Deus vai escolher criteriosamente a ordem dentro de cada uma das classes definidas. É assim que, devendo a leitura iniciar-se pelas consoantes simples e certas, o autor teve o cuidado de precisar quais destas seriam as primeiras, escolhendo aquelas que são "contínuas", "prolongáveis" e que se podem pronunciar sozinhas – o caso do *v* –, deixando para depois as "instantâneas" (e.g., *t*, *d*), cuja pronunciação precisa da vogal que a acompanha.

Ao ensino dos nomes das letras, João de Deus vem contrapor uma instrução centrada nos seus sons. A Cartilha propõe uma nova nomenclatura para as letras, que se baseia nos seus valores, evitando, desse modo, o perigo que constitui para o principiante um nome que atrapalha a leitura. As letras com um só valor passam a designar-se com o nome desse valor e aquelas que representam vários sons adoptam tantos nomes quantos esses sons.

Outro aspecto inovador da Cartilha reside no facto de, após a sua apresentação, as letras e os seus sons serem imediatamente integrados em palavras. A soletração é abolida e a leitura faz-se através da ligação da letra/som nas palavras que a constituem. O artifício tipográfico que consiste em destacar as sílabas recorrendo a diferentes relevos constitui um bom suporte a uma leitura sem soletração. As palavras aparecem inteiras, não havendo necessidade de as desintegrar (cf. Silva, 2008).

Cartilha Maternal e Psicologia Cognitiva da Leitura

Expostos alguns dos conhecimentos essenciais da psicologia cognitiva da leitura, bem como os aspectos inovadores da Cartilha Maternal, vejamos como esta última, publicada em 1877, conseguiu antever muito do que hoje se sabe graças aos esforços desenvolvidos pela primeira.

João de Deus captou na perfeição a especificidade da leitura. A ideia de que estamos perante uma actividade de natureza linguística perpassa toda a Cartilha. O seu autor percebeu claramente as relações estreitas entre a linguagem e a leitura (cf. a este propósito, Viana, 2006), facto que determinou a forma como organizou este manual de ensino/aprendizagem da leitura e que resultou numa série de directrizes já aqui referidas.

Podemos afirmar que a todas elas preside o princípio segundo o qual a leitura depende da capacidade para ligar as letras aos seus sons, fazendo jus à ideia de que se trata de uma actividade em que há a transformação de uma representação linguística numa outra da mesma natureza. Nas palavras de Carolina Michaëlis de Vasconcelos "(...) O snr. João de Deus não ignora que o som é o verdadeiro material da língua, e por isso também o objecto do ensino da leitura e da escrita (...)" (Vasconcelos, 1976, p. 81).

Esta ideia mestra fez com que as letras passassem a ser designadas pelos seus valores e não pelos seus nomes, evitando, assim, muitos dos problemas com que se depara o principiante. É impressionante ver que o que João de Deus nos diz sobre este assunto coincide com o que, muitos anos mais tarde, é afirmado pelo grande especialista José Morais (1997). Na Cartilha, João de Deus afirma:

> (...) taes nomes (...) impõem a necessidade de fazer a distincção entre o nome e o valor, o que o alumno embora perceba facilmente, não deixa por isso de se embaraçar na prática, porque lhe occorrem as duas cousas, nome e valor (...) (Quarta Lição da Cartilha Maternal).

Por seu lado, diz-nos Morais (1997, p. 252):

> (...) O conhecimento dos nomes pode criar dificuldades para a compreensão do facto de a letra não corresponder a uma sílaba, mas a uma componente da sílaba (...). Segundo o psicólogo soviético Elkonin, as crianças que conhecem os nomes das letras antes de aprenderem a ler têm tendência, no início da aprendizagem, a juntarem os nomes das letras em vez de tentarem fundir os seus "sons".

A incidência nos sons é reforçada pelo apelo ao conhecimento dos gestos articulatórios

Quando dizemos *á*, soltamos essa voz da garganta; mas se dissermos *má*, soltamos essa voz despegando os labios; e se dissermos *mal*, despegamos os labios ao soltal-a e no fim damos com a lingua no ceu da boca (Terceira Lição da Cartilha Maternal).

Estamos perante uma estratégia muito defendida actualmente, sobretudo quando se trata de alunos com dificuldades na aprendizagem da leitura (cf. Morais, 1997, p. 264). Mas João de Deus foi mais longe e fez com que as letras fossem imediatamente integradas em sílabas e em palavras. Depois de se ensinar o valor das letras, a criança lê a palavra sem soletrar. Citando Carolina Michaëlis de Vasconcelos (1976, p. 77):

> o autor não ensina sílabas inanimadas, mas sim palavras vivas, e isto logo na primeira lição! Nem uma única sílaba na sua Cartilha se encontra decepada do tronco da palavra; com rara habilidade, combina os elementos já ensinados, por poucos que sejam, e apresenta à criança palavras animadas de ideias. Logo ao primeiro passo, na primeira lição, depois de ter ensinado apenas as cinco vogais, forma delas quatro palavrinhas ai, ui, eu, ia; e na segunda, ajuntando-lhes uma única consoante, forma mais onze, combinando a, e, i, o, u com v! (vá, vai, vi, via, viu, vivia, viveu, uva, viúva). Ninguém, em país algum até hoje, conseguiu tanto!

O facto de as letras e sílabas serem integradas em palavras o mais rapidamente possível serve, não apenas, o propósito de conferir significado a esta actividade (cf. Viana, 2006), mas permite, ainda, a aprendizagem dos diferentes valores fonémicos/fonéticos das letras. Com efeito, muitas das nossas letras assumem diferentes valores consoante o contexto/palavra em que se encontram. Logo na primeira lição, ao apresentar as palavras formadas a partir das vogais (ai, ui, eu, ia), a Cartilha alerta: "convem deixar estabelecida nesta lição, a propósito da ultima palavra ia, a regra que o a no fim vale â (a fechado, igual ao que tantas vezes no dia pronunciamos separadamente: a casa, a mesa, etc.)".

A aprendizagem dos diferentes valores que cada letra pode assumir é extremamente facilitada através deste recurso. Este método mostra, ainda, outra vantagem: ao apresentar a letra, e ao inseri-la de imediato numa palavra, conduz a criança a exercícios de fusão dos fonemas que leva ao reconhecimento das palavras. A aprendizagem faz-se por um processo de síntese: ensinam-se as correspondências letra-som que são usadas para formar as palavras. Trata-se de um procedimento directo-sintético, analisado por Morais (1997, p. 255) do seguinte modo:

> uma exigência dos métodos directo-sintéticos é que a capacidade de fusão fonémica intervenha cada vez que uma nova correspondência é aprendida. Nada se opõe a que esta competência crucial na leitura seja treinada e automatizada desde o início. Ela é essencial não só para a descodificação fonológica, mas também para a constituição de unidades ortográficas de um nível superior à letra.

A sequência da apresentação das letras defendida na Cartilha Maternal, rompendo com a tradição de se seguir o alfabeto, subordina-se, igualmente, àquilo que podemos considerar ser uma "lógica" linguística. A ordem estabelecida é determinada pelo grau de complexidade fonémica (primeiro as letras com um só valor) e grafémica (começar pelas letras simples) e, como vimos, mesmo dentro de cada categoria, há critérios linguísticos a presidir às escolhas:

> Logo, por onde havíamos nós de começar, pelas consoantes contínuas ou pelas consoantes intantaneas? É claro que pelas consoantes contínuas, prolongáveis, que deixam os principiantes

apreciar melhor os elementos da syllaba. Ora, dessas consoantes a menos equivoca, ou antes, a inequívoca, a única que não tem equivalentes, a mais perfeita em summa, é o v: começámos pelo v " (Segunda Lição).

Podemos, ainda, ver nesta preocupação uma grande sensibilidade às características do código ortográfico. Tal como é reconhecido actualmente, o tipo de ortografia existente numa determinada língua influencia a aprendizagem da leitura, devendo, por esse motivo, ser considerado pelo método de iniciação adoptado.

Na ordem de apresentação preconizada, são tidos em conta os valores que cada letra representa no nosso código ortográfico, assim como os sons/fonemas que nesse mesmo código se expressam por dígrafos. Nesta ordem, vai-se do mais simples para o mais complexo, o que é hoje, mais uma vez, reconhecido como sendo a estratégia adequada (Morais, 1997). A excepção são as vogais que surgem em primeiro lugar, mas isso é amplamente justificado, uma vez que "não podendo haver combinação sem vogal, comecemos pelas vo-gaes" (Primeira Lição da Cartilha) ou "sendo a vogal indispensável para que haja uma sílaba, parece que devíamos introduzi-la desde o inicio" (Morais, 1996, p. 251).

Considerações finais

Sem os conhecimentos de que dispomos hoje, João de Deus conseguiu estabelecer os princípios basilares daquilo que deverá ser a pedagogia da leitura. Os trabalhos desenvolvidos nesta área permitem-nos, actualmente, perceber em que consiste a leitura e quais os mecanismos e processos envolvidos na sua aprendizagem. Assim, sabemos como orientar o ensino de modo a optimizar esta aquisição tão fundamental na vida de todos.

O que impressiona no estudo da Cartilha é a constatação de que João de Deus, muito antes dos estudos que nos deram alguma segurança para fundamentar as actuais práticas pedagógicas, se revela um profundo conhecedor da especificidade da leitura e, consequentemente, dos meios que permitem a sua aquisição. Colocando a ênfase na natureza linguística da actividade da leitura, o autor da Cartilha realça a necessidade de fazer sobressair na sua aprendizagem a primazia do som e da sua ligação às letras. A ordem pela qual estas são apresentadas, o nome que lhes é atribuído em função do seu valor ou dos seus valores, a sua inserção imediata em palavras constituem aspectos que denotam uma enorme sensibilidade ao que mais tarde se veio a demonstrar como decisivo na leitura e na sua aprendizagem.

Referências bibliográficas

Delille, M. M. (1976). João de Deus na Alemanha. *Revista Portuguesa de Pedagogia*, *10*, 95-120.

Ferreira Gomes, J. (1976). Algumas reacções em torno da "Cartilha Maternal" de João de Deus. *Revista Portuguesa de Pedagogia*, *10*, 3-57.

Michaëlis, C. (1976). A Cartilha Portuguesa e em especial a do Snr. João de Deus. *Revista Portuguesa de Pedagogia*, *10*, 59-93.

Morais, J. (1997). *A arte de ler: Psicologia cognitiva da leitura*. Lisboa: Edições Cosmos.

Silva, A. M. (2008). *A Cartilha Maternal de João de Deus. Um caso particular de pensamento gráfico*. Tese de Doutoramento em Design de Comunicação Faculdade Belas Artes do Porto.

Sprenger-Charolles, L.; Colé, P. & Serniclaes, W. (2006). *Reading Acquisition and Developmental Dyslexia*. Hove: Psychology Press.

Viana, F. L. (2006). Lectura y vida. *Revista Latinoamericana de Lectura*, *27*, 3.

O ENSINO E A APRENDIZAGEM DA MATEMÁTICA EM JOÃO DE DEUS

Filipe Oliveira
Faculdade de Ciências e Tecnologia da Universidade Nova de Lisboa

Revisitamos, à luz de conhecimentos modernos e da experiência de vários autores, alguns conceitos-chave da visão e metodologia de João de Deus: o contacto precoce com a Matemática, a necessidade de se ter um ensino estruturado e sistemático da Matemática – apesar do ambiente lúdico e descontraído em que se desenvolve – e, finalmente, a importância de se trabalhar, ao nível do actual 1.º ciclo do ensino básico, do concreto para o abstracto, nomeadamente pela manipulação de diversos materiais didácticos. Discutiremos também a *Arte de Contas*, da autoria de João de Deus, completada postumamente por Frederico Caldeira e publicada em 1914.

Antes de mais, gostaria de agradecer o gentil convite que me foi endereçado e dar os parabéns à Associação de Jardins-Escolas João de Deus pelo centenário do seu primeiro Jardim-Escola, que agora se comemora. É bom para o ensino e é bom para o país que existam instituições de referência, que se conheça bem a qualidade dos seus projectos educativos. Uma instituição centenária, pelo peso da história que construiu, teve muito tempo para validar a sua metodologia de ensino e para corrigir eventuais pontos menos positivos. Conhece empiricamente os resultados das suas práticas lectivas pelo que mais dificilmente se deixará levar por modas ou opiniões educativas pouco fundamentadas. Poderá certamente servir como modelo e inspiração a outras instituições mais jovens.

Da importância do contacto precoce com a Matemática

Sabemos hoje que as crianças a partir dos quatro meses de idade são capazes de fazer operações aritméticas simples: 1+1, 2+1, 3-2, 3-1... etc. Este surpreendente facto encontra-se cabalmente demonstrado pelos trabalhos de Karen Wynn, da Universidade de Yale, publicados em 1992 na revista *Nature*. Como construiu esta investigadora as suas experiências? O tempo que uma criança dedica a examinar um determinado cenário é, em certas circunstâncias, uma medida da surpresa que este lhe causa. Trata-se de uma técnica consensual usada em várias experiências anteriores que mostraram, por exemplo, a detecção por parte das crianças de cenários que aparentemente violam as leis da física, como objectos que permanecem suspensos no ar depois de se lhes retirar o suporte.

A ideia de Wynn foi a de usar este tipo de protocolo para avaliar o *sentido de número* em bebés de quatro meses. Começou por apresentar um boneco numa caixa que foi posteriormente escondido por uma tela (figura 1).

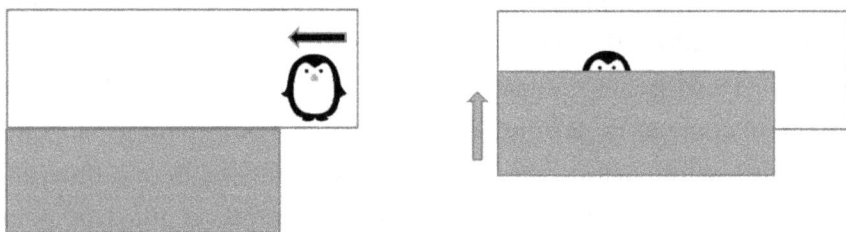

Numa segunda fase introduziu um ou mais bonecos.

Finalmente, baixou a tela, em algumas situações apresentando o resultado correcto e noutras um resultado errado (aqui 1+1=2 e 1+1=1).

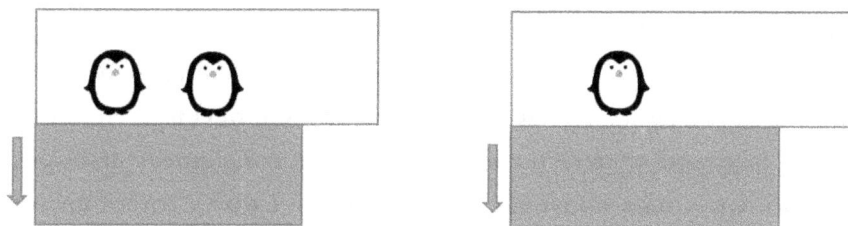

Figura 1 – Reprodução das imagens usadas na investigação de
Karen Wynn (1992)
(Apresentadas em Dehaene, 1997)

Em média, as crianças olharam durante mais um segundo para a caixa quando esta apresentava um resultado errado. A experiência foi reproduzida várias vezes, com números diferentes, bonecos diferentes, e os resultados mantiveram-se coerentes. O psicólogo Tony Simon (1995), do *Georgia Institute of Technology*, reproduziu a experiência trocando, na última fase, os bonecos por bolas vermelhas. Os resultados permaneceram inalterados, o que leva a concluir que estamos, de facto, perante cálculos com números enquanto objectos abstractos, não se tratando apenas de memorização espacial da localização dos objectos.

Como se explica este fenómeno? A interpretação que colhe actualmente maior consenso passa pela Teoria da Evolução (ver, por exemplo, Dehaene, 1997). Já todos sabemos da importância da Matemática nas nossas sociedades modernas mas, no mundo selvagem, fazer cálculos é fundamental para a sobrevivência dos indivíduos. Há que avaliar o número de predadores que nos perseguem (será apenas um? Dois? Muitos?) ou avaliar, por exemplo, as reservas de comida de que dispomos.

O que as experiências de Karen Wynn e Tony Simon parecem comprovar é que esta característica de conseguirmos chegar à manipulação de quantidades abstractas foi seleccionada através do complexo mecanismo de evolução das espécies. Apresentando o problema de forma simples: as espécies sem aptidão para os números foram devoradas e extintas!

Naturalmente estas capacidades inatas são extremamente limitadas. As crianças de seis meses apenas conhecem os números 1, 2 e 3: nestas experiências, só raramente conseguem distinguir o 3 do 4 e nunca conseguem distinguir o 4 do 5. Há muito trabalho pela frente.

Em todo o caso, a Matemática não parece ser uma construção social ou cultural arbitrária. A Matemática elementar está inscrita no nosso genoma: é inata e é biologicamente uma das razões do nosso sucesso como espécie. Naturalmente, diferentes culturas poderão utilizar notações e procedimentos matemáticos distintos, mas, a nível fundamental, existe apenas uma Matemática.

Esta ideia é aliás corroborada por diversas investigações. Em particular, recomendamos a leitura do livro *Geometry from Africa*, de Paulus Gerdes, da Universidade Pedagógica de Moçambique. Trata-se de um estudo dos motivos e padrões geométricos oriundos de diversas culturas africanas, e nos quais vemos emergir os mais importantes teoremas matemáticos "ocidentais".

Não parece, pois, existir limite inferior para a idade a que as crianças devem ser expostas à Matemática. O *hardware* está instalado, pelo que quanto mais cedo começarmos a guiá-las pelo fascinante universo da Matemática – obviamente de forma adequada à sua idade – mais aumentamos as probabilidades de virem a desenvolver as suas espantosas potencialidades. A preocupação de João de

Deus da cuidadosa introdução da Matemática a partir de uma idade precoce é inequivocamente um trunfo desta metodologia.

Da importância de um ensino estruturado

É notória a necessidade de organização do conhecimento Matemático por níveis. Um dos factores que certamente torna esta disciplina diferente das restantes é o facto de uma lacuna elementar se repercutir drasticamente nas etapas de aprendizagem seguintes. Em qualquer disciplina, a chamada "falta de bases" compromete o sucesso académico mas em Matemática, a "falta de bases" é fatal. Por essa razão, o ensino deve ser cuidadosamente estruturado, e devemos certificar-nos de que um certo número de conhecimentos foram correctamente adquiridos antes de passarmos à etapa seguinte. Em Matemática, a expressão "aprendizagem por etapas" atinge o seu sentido pleno. A falha na aprendizagem de um conceito fundamental desencadeia problemas de longo curso que apenas se amplificam com o tempo.

Um dos grandes sucessos do método de ensino preconizado nas Escolas João de Deus é o de se conseguir, passo após passo, etapa após etapa, atingir, com rigor e com segurança, objectivos pedagógicos pré-definidos. Apesar do ambiente lúdico em que as actividades se possam desenrolar – propício à etapa de vida dos alunos –, fomentando um primeiro contacto descontraído com a Matemática, parece claro que se trata de actividades muito organizadas, nas quais o educador/professor tem um papel determinante.

Convém a este propósito citar o Professor Ron Aharoni, um matemático israelita que resolveu algumas conjecturas famosas, como o Teorema de Konig para grafos infinitos. Um dia lançou-se, sem preparação prévia, no ensino ao nível do primeiro ciclo. O início desta actividade lectiva foi, como não podia deixar de ser, um desastre. Com a ajuda de professores experientes destes anos de escolaridade foi compreendendo quais as estratégias adequadas, acabando por se tornar, anos mais tarde, num especialista internacionalmente reconhecido do Ensino da Matemática dos 0 aos 12 anos. O seu livro, *Aritmética para Pais*, publicado em Portugal em 2010, faz o relato desta experiência. Nele podemos encontrar o seguinte trecho:

"Qualquer pessoa que tenha passado por uma escola primária sabe que a imagem do professor como um funil e dos estudantes como receptáculos é completamente absurda. É impossível discursar no 1.º ciclo. As crianças não ouvem nem sequer por um momento. Ensinar crianças tem de ser um processo interactivo, por experimentação e discussão. Sendo assim, que há de especial na abordagem investigacional? O segredo está no ensino sistemático *versus* aleatório. "Investigação" significa abandonar a sistematização. O conhecimento não é estabelecido da cabeça aos pés com a orientação do professor ou de um manual. Em vez disso, são realizadas actividades aleatórias através das quais a criança supostamente descobre a estrutura matemática por si própria.

Estou convencido de que a verdadeira origem desta abordagem está num mal-entendido relativo à profundidade da matemática elementar. Nesse sentido não é diferente da matemática da escola secundária ou mesmo universitária: apenas os princípios são mais refinados e menos discerníveis. Da mesma maneira que não esperaríamos que os estudantes descobrissem os princípios da matemática universitária sem orientação, não podemos esperar que as crianças o façam na matemática elementar."

Argumenta Aharoni que o ensino exageradamente exploratório e não dirigido, em que se possibilita ao aluno ditar a evolução das actividades, não permite que se cumpram objectivos de aprendizagem: a estrutura da Matemática, ainda que básica, apenas se torna acessível quando um professor, de forma deliberada e activa, vai encaminhando os alunos na direcção correcta.

Contrariamente ao que muitas vezes se quer fazer crer, não é fácil olhar de forma correcta para os objectos matemáticos, mesmo elementares, às primeiras tentativas. Foi algo que demorou muitas gerações a conseguir e não se pode pedir a uma criança que reproduza espontaneamente esse processo. Certas correntes pedagógicas mais extremistas vão ao ponto de exigir que os alunos reinventem ou inventem novos algoritmos para as quatro operações. Ron Aharoni tem tido um papel muito importante na luta contra estas metodologias difusas.

Da importância de se trabalhar do concreto para o abstracto

Os matemáticos não pensam que o sol seja um círculo no céu ou que uma porta seja um rectângulo. Para os matemáticos, os círculos, os rectângulos e as outras formas geométricas vivem num local abstracto, no plano euclidiano, e os objectos do mundo real poderão quando muito assemelhar-se, em maior ou menor grau, a essas formas idealizadas. Mesmo uma circunferência, desenhada cuidadosamente a compasso numa folha de papel, não é propriamente uma circunferência. Basta, por exemplo, observar que o traço apresenta uma certa grossura, ainda que milimétrica, enquanto que uma linha é infinitamente fina.

É no entanto conveniente afirmar que, para uma criança, a operação subtil que consiste em tirar, por assim dizer, uma circunferência do papel, idealizá-la, e colocá-la no plano euclidiano só é possível depois de ter visto, desenhado e manipulado centenas de "circunferências reais". Como tal, a manipulação e experimentação de materiais parece ser indispensável nas primeiras fases de aprendizagem. Só assim se conseguirá conceptualizar e interiorizar os primeiros objectos abstractos, como a noção de número, de medida, as formas geométricas mais simples ou as operações elementares.

Isso é bastante claro, por exemplo, no relato que Ron Aharoni nos faz da sua experiência como professor do primeiro ciclo: muito rapidamente percebeu a necessidade de colocar os alunos a contar e manusear todo o tipo de objectos: palhinhas coloridas, ábacos improvisados constituídos de pequenos espetos de madeira com contas de plasticina... Até chegou a empacotar dez conjuntos de dez garrafas de plástico para explicar a noção de centena, e levou este exercício ao extremo de empacotar dez destes pacotes, para que os alunos pudessem "ver" o número mil. Este processo pode e deve ser optimizado com recurso a materiais didácticos que já tenham sido amplamente utilizados e de que se conheçam empiricamente as vantagens (e desvantagens).

É também necessário perceber que este processo deve permitir caminhar do concreto para o abstracto, não se podendo manter in-definidamente como único, havendo alturas em que se devem cortar algumas das amarras que prendem a Matemática ao mundo real. Como veremos mais adiante, João de Deus parecia estar bem consciente deste facto. A partir de um dado ponto, demasiada contextualização torna-se nociva. Existe um momento em que devemos manipular as ideias, por exemplo as tais circunferências perfeitas do plano euclidia-no, esquecendo-nos das suas encarnações imperfeitas do mundo real.

Alguns matemáticos puros nunca mais abandonam este nível de pensamento, criando novas abstracções a partir das antigas, e medindo o seu desempenho pela complexidade dos objectos que conseguem conceber e manipular. Evidenciam por vezes algum desprezo por conceitos matemáticos mais simples, independente-mente da sua potencial utilidade no mundo real. Outros matemáticos consideram importante o retorno às aplicações, parecendo então existir três movimentos: do concreto para o abstracto, do abstracto para o abstracto, e de novo do abstracto para o concreto. É um pouco neste esquema que utilizamos a Matemática no dia-a-dia: se viajamos num comboio e sabemos que já percorremos um terço do percurso em meia hora, sabemos que chegaremos passado uma hora. Mas entre a premissa e a conclusão, sem nos apercebemos, demos um pulinho rápido no universo da Matemática abstracta. Seja como for, em qualquer uma destas abordagens, o primeiro passo será invariavelmente do concreto para o abstracto.

Sabemos que nos jardins-escolas João de Deus existe uma orientação para a utilização sistemática de materiais didácticos, como as Barras de Cuisenaire, os Blocos Lógicos de Dienes ou os Calculadores Multibásicos, que têm grandes potencialidades na estruturação do concreto e permitem, em ambientes razoavelmente lúdicos, chegar a conceitos abstractos da Matemática Elementar.

A Arte de Contas

Elaborada em 1880 por João de Deus, a Arte de Contas, foi mais tarde completada por Frederico Caldeira e publicada em 1914 pelas Livrarias Francisco Alves e Aillaud & Bertrand. Trata-se, de certa forma, de uma versão matemática da Cartilha Maternal.

É composta por dois cadernos, o primeiro, mais elementar, dedicado à adição, e o segundo, mais avançado, dedicado à subtracção, multiplicação e divisão. Nas palavras de Frederico Caldeira, esta obra visa "exclusivamente a simplificar, por meio de exercícios metodicamente graduados, a enfadonha aprendizagem da tabuada, e não dispensa, é claro, a explicação do professor a acompanhar cada exercício, mas devidamente aplicada, torna decerto bem menos árdua a tarefa do ensino das contas."

É muito importante salientar que não se rejeita aqui o ensino da tabuada, apenas se pretende adoptar uma estratégia menos "tradicional" para alcançar esse mesmo objectivo. Aliás, na primeira nota do primeiro caderno, pode ler-se que as primeiras páginas se destinam a "que o aluno entre devidamente preparado na parte abstracta de Arte de Contas, a tabuada, que ele, pouco a pouco e metodicamente, irá fixando pela prática dos respectivos exercícios."

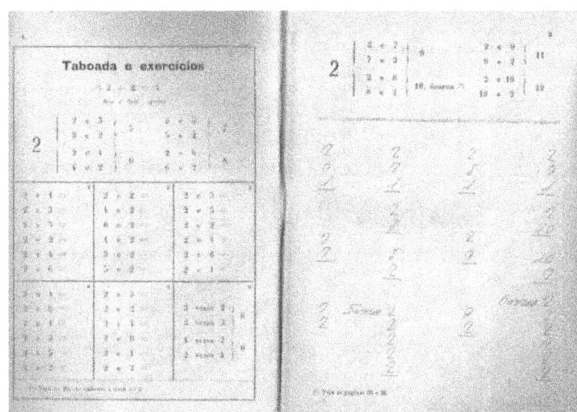

Penso que estes propósitos não poderiam ser mais claros: estamos perante um modelo de ensino sistematizado, orientado por objectivos, em que o aluno caminha etapa a etapa, valorizando-se a aprendizagem da tabuada e dos algoritmos clássicos. Não se encontram aqui métodos *ad-hoc* (não são de facto algoritmos) como o método de divisão dito por subtracções sucessivas.

É reconfortante saber que, volvido um século, os jardins-escolas João de Deus conservam intactos, na sua prática lectiva, estes princípios metodológicos, denotando uma clara orientação para a utilização sistemática dos algoritmos. Por outro lado, toda a referência a objectos concretos acaba nas páginas 3 e 4 do primeiro caderno (com excepção dos enunciados de problemas do segundo caderno).

Gostaria de terminar salientando duas curiosidades: a presença de uma tabela dos múltiplos do divisor, muito útil à boa execução da divisão:

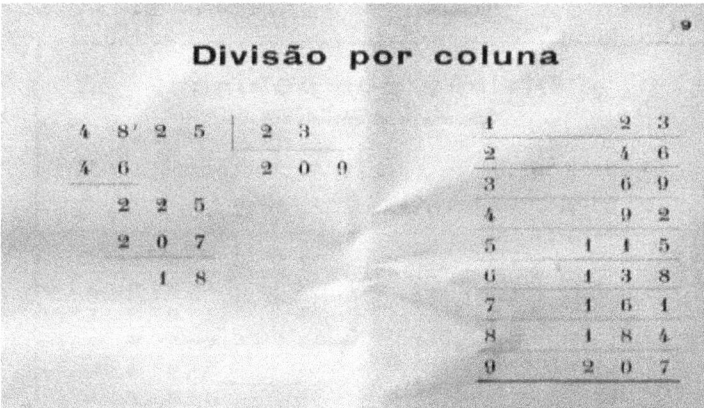

Divisão por coluna [9]

```
4 8' 2 5 | 2 3          1 |     2 3
4 6      | 2 0 9        2 |     4 6
  2 2 5                 3 |     6 9
  2 0 7                 4 |     9 2
    1 8                 5 |   1 1 5
                        6 |   1 3 8
                        7 |   1 6 1
                        8 |   1 8 4
                        9 |   2 0 7
```

e a soma por dezenas, da autoria de Frederico Caldeira, e da qual se transcrevem as instruções:

"Marcam-se com um ponto as dezenas com um ponto colocado à direita da coluna respectiva, juntando as unidades a mais da dezena, ao algarismo seguinte da coluna. Somada a primeira coluna, contam-se pelos pontos as dezenas desta juntando-as ao primeiro algarismo da segunda coluna, e assim sucessivamente até ao fim da operação. As dezenas da última coluna, como não há outra a que se juntem, representam-se, com o algarismo que as significar, à esquerda da soma já obtida. A soma de cálculo vai na segunda parte de Arte de Contas."

Por exemplo, para efetuar a adição 23 + 34 + 45 + 56 + 67 + 78 + 89 (ver figura abaixo):

Soma por dezenas

```
   1              2   3           3   4
   2              3   4           4   5
   1              4 . 5 .         5   6
   2              5   6           6   7
   1              6 . 7 .         7   8
   2          .   7 . 8 .         8   9
 . 1 .        .   8   9 .         2   3
                  3   9   2
```

Começam por adicionar-se as unidades, marcando-se à direita com um ponto sempre que se muda de dezena:

3+4+5=12 [coloca-se um ponto à direita do 5].
12+6+7=25 [coloca-se um ponto à direita do 7].
25+8=33 [coloca-se um ponto à direita do 8].
33+9=42 [coloca-se um ponto à direita do 9].

Inscreve-se no resultado o algarismo das unidades obtido (2) e repete-se agora o processo para as dezenas, iniciando-se as adições sucessivas com o número de pontos anteriormente obtidos (4).

(4)+2+3+4=13 [coloca-se um ponto à direita do 4].
13+5+6=24 [coloca-se um ponto à direita do 6].
24+7=31[coloca-se um ponto à direita do 7].
31+8=39

Inscreve-se no resultado o número de dezenas obtido (9).

Reproduzem-se agora os 3 pontos obtidos na etapa anterior e inscreve-se no resultado esse número de centenas (3).

Referências bibliográficas

Aharoni, R. (2008). *Aritmética para pais. Temas de matemática.* Lisboa: Sociedade Portuguesa de Matemática/Gradiva.

Dehaene, S. (1997). *The number sense: How the mind creates mathematics.* Oxford: Oxford University Press.

Deus, J. de & Caldeira, F. (1914). *Arte de contas.* Lisboa: Livrarias Aillaud e Bertrand.

Gerdes, P. (1999). *Geometry from Africa: Mathematical and educational explorations.* Washington DC: The Mathematical Association of America.

Simon, T. et al (1995). Do infants understand simple arithmetic? A replication of Wynn. *Cognitive Development,* 10, 253-269.

Wynn, K. (1992). Addition and substraction by human infants. *Nature,* 358, 749 - 750.

VANGUARDA DO ENSINO DAS CIÊNCIAS EXPERIMENTAIS NO CONTEXTO DO MÉTODO JOÃO DE DEUS

António Piedade
Comunicador de Ciência - Investigador do Centro de Física
Computacional da Universidade de Coimbra

No decorrer da última década, tem-se verificado um interesse crescente em introduzir o ensino das ciências experimentais na educação pré-escolar assim como no 1.º ciclo da escolaridade básica.

No geral, considera-se que é apropriado o contacto da criança, o mais cedo possível, com os princípios inerentes ao método de investigação. Pretende-se, com isso, contribuir, gradativamente, para o aumento da literacia científica na formação do indivíduo, conducente a uma atitude de cidadania em liberdade.

Para este efeito, o Ministério da Educação de Portugal formalizou a inserção de actividades experimentais de ciência na área de conteúdo de "Conhecimento do Mundo" da educação pré-escolar, e patrocinou a elaboração de documentos orientadores, para operacionalizar as "Orientações Curriculares na Educação Pré-escolar", no domínio das ciências experimentais. Exemplo norteador disso é a brochura "Despertar para a ciência – Actividades dos 3 aos 6", lançada em 2009.

Mais do que fazer aqui um ponto da situação do estado actual da introdução das ciências experimentais nesse patamar educativo, importa mostrar como o mesmo foi intuído como necessário por

João de Deus Ramos – filho de João de Deus que se empenhou em divulgar e ampliar a obra do seu pai – há 100 anos atrás, e inserido no normal funcionamento lectivo do primeiro Jardim-Escola João de Deus, em Coimbra.

De facto, existem vários elementos que, apesar de merecerem um estudo mais aprofundado, provam que o contacto com as ciências experimentais esteve presente logo nos primeiros anos de funcionamento deste Jardim-Escola.

A preocupação de João de Deus Ramos com o ensino das ciências experimentais é provada pela existência, na documentação referente à fundação dos primeiros Jardins-Escolas João de Deus, de catálogos de materiais didácticos, como é exemplo o da casa francesa *Les fils d'Émile Deyrolle* (46, Rue du Bac, Paris), datado de 1909. Este catálogo inclui vastíssima instrumentação, nomeadamente, para o ensino da química, da física e da biologia.

Terá sido a partir deles que João de Deus Ramos encomendou vários materiais para o ensino experimental, incluindo brinquedos que são autênticas reproduções de máquinas e caldeiras a vapor e outros que animavam mecanicamente diversas profissões. Trata--se de brinquedos didácticos, que ainda hoje podemos contemplar no espólio do primeiro Jardim-Escola, e que permitiam aprender a brincar, segundo o interesse e a curiosidade da criança por descobrir o mundo que a rodeia, atitude desde sempre integrada e estimulada no âmbito do método de João de Deus.

A presença de um disco de Newton, no inventário dos materiais do Jardim-Escola logo nos primeiros anos de funcionamento, sugere que o ensino da natureza espectral da luz solar foi objecto de atenção e que a famosa experiência de Isaac Newton poderá ter sido demonstrada pelas professoras.

A finalizar este breve apontamento que sinaliza a vanguarda e actualidade do método de João de Deus num contexto alargado que inclui as ciências experimentais, acresce indicar a utilização, desde o seu início, das *Lições de Cousas* (por Saffray, traduzido por M. C. Mesquita Portugal, 1895) como manual de suporte para a educação científica, no ensino então designado por primário.

Em conclusão, podemos afirmar que o ensino experimental esteve presente, desde o primeiro momento, na proposta educativa dos Jardim-Escola João de Deus: a criança aprende experimentando à medida que se desenvolve, mas sempre de modo sustentado, através de uma metodologia rigorosa, disciplinada, ou melhor "interdisciplinada", porque uma criança é um todo não fragmentado. A intuição de que a "descoberta" do mundo através da experiência e da interacção com o ambiente que nos rodeia é fundamental foi, efectivamente, uma constante no Método de João de Deus.

Em jeito de exemplo de como poderá ter decorrido o ensino das ciências experimentais num certo dia no primeiro Jardim-Escola João de Deus, em Coimbra, escrevi, em 2011 para a revista *Rua Larga* da Universidade de Coimbra (n.º 31), um texto de que extraio o seguinte excerto.

"Em Janeiro (1912), tinham iniciado as lições de leitura e escrita, seguidas pelas "Lições de Cousas" (por Saffray, traduzido por M. C. Mesquita Portugal, 1895) e trabalhos manuais diversos. Sem esquecer os primeiros seis "Dons de Froëbel" o "Cuisenaire", o Calculador Multibásico, as Palhinhas, os "Tangrams", o Geoplano e os Blocos Lógicos, companheiros inseparáveis, entre outros jogos, da "Arte das Contas" com que os números, a álgebra, a geometria e os volumes se aprendiam divertidamente.

Assim, prosseguiam a natural e espontânea habilidade em observar a natureza com os sentidos guiados pela curiosidade crítica e formular os porquês cardiais da explicação com as ferramentas do intelecto. Desta forma, fortalecia-se a assimilação do método científico imprescindível, a par com a alfabetização, para uma melhor formação de pessoas úteis à sociedade em transformação.

(...) António lembrava-se do seu maravilhamento quando, numa manhã, a professora lhes tinha mostrado como funcionava a máquina a vapor, através de um brinquedo que João de Deus Ramos provavelmente encomendara da casa de material escolar e didáctico francesa *Les Fils D'Émile Deyrolle* (46, Rue du Bac, Paris), e com que todos puderam brincar. Ou daquela outra manhã em que a professora tinha feito "desaparecer" um punhado de sal num vaso com água, para a seguir o fazer "reaparecer" após o ter deixado durante um dia ao Sol no Jardim! A água evaporara--se com o calor do Sol, mas o sal não. E este era o princípio do trabalho nas salinas, explicara-lhes a professora.

Um ramo de folhas bailava ao som do vento e a luz folheada iluminou outra manhã na recordação do António. Aquela em que tinham brincado com um pião de disco pintado radialmente com as cores do arco-íris (disco de Newton). Ao girar, as cores mesclavam-se todas como se de branco estivesse o disco pintado. À medida que o giro desacelerava, imergiam do branco as cores primeiras, para ficarem de novo "puras" quando o pião parava. A professora disse-lhes então que o mesmo acontecia com a luz do Sol: ela era o resultado da sobreposição de luzes de todas as cores visíveis. E ensinou que só as poderiam ver distintas e separadas se cada uma delas abrandasse em proporção diferente em relação às restantes. Era isso que acontece sempre que a luz do Sol atravessa e é refractada e reflectida pelas gotas da chuva, expondo o arco-íris para nosso encanto, ou quando atravessa um prisma de vidro ou cristal como também lhes tinha mostrado a professora, reproduzindo, sem o dizer, a famosa experiência de Newton".

Poderá ter sido assim há um século, numa antecipação longínqua mas concretizada das actuais preocupações e intenções sobre o ensino das ciências experimentais na educação pré-escolar.

Referências bibliográficas

Barros, J. de (1915). A Associação das Escolas Móveis e a República. *Boletim de Propaganda da Associação de Escolas Móveis pelo Método João de Deus*, Janeiro, Fevereiro e Março. *

Barros, J. de (1916). *Educação republicana*. Paris-Lisboa: Livrarias Aillaud & Bertrand, pp. 11-13, 23-24, 62-63, 175-176.

Bergström, G. A. (1912). Jardim Escola João de Deus, *Boletim de Propaganda da Associação de Escolas Móveis pelo Método João de Deus*, Julho, Agosto e Setembro.*

Boletins de Propaganda da Associação de Escolas Móveis pelo Método João de Deus – Abril, Maio e Junho de 1911; Outubro, Novembro e Dezembro de 1911.*

Carvalho, P. de & Deus Ramos, M. da L. (1982). *O Método educativo João de Deus, "Metodologia da educação em Portugal"*. Encontro organizado pela Fundação Calouste Gulbenkian, 12 de Janeiro.

Carvalho, P. de & Deus Ramos, A. de (1991). *Éléments pour L'histoire d'une école De formation des instituteurs de maternelle*.*

Martins, I. P. (Coord.) (2009). *Despertar para a ciência: Actividades dos 3 aos 6*. (Acesso: http://sitio.dgidc.min-edu.pt/recursos/Lists/Repositrio%20Recursos2/Attachments/805/pre_ciencias_1.pdf).

Rodrigues, E. (2005). *Metodologia João de Deus*.*

* Obras que se encontram no Museu João de Deus, em Lisboa.

Agradecimentos. O autor agradece a generosa atenção do Museu João de Deus, principalmente na pessoa da Dr². Elsa Rodrigues, em disponibilizar o acesso a documentação diversa e valiosa, que se lista na bibliografia e sem a qual este apontamento não teria sido possível. Agradece também à Dr². Amélia Saraiva Concolino, actual Directora do primeiro Jardim-Escola João de Deus, todo o apoio e incentivo concedido. Por último, uma palavra de apreço e gratidão ao Doutor António Ponces de Carvalho, actual continuador da obra de seu avô, Dr. João de Deus Ramos.

www.ingramcontent.com/pod-product-compliance
Lightning Source LLC
Chambersburg PA
CBHW071750090426
42738CB00011B/2630